우리말 표현력 사전 3

도대체 뭐라고 말하지?

알쏭달쏭 관용 표현

 글 곽영미

유치원에서 아이들을 가르치고 있으며, 성균관대학교에서 아동 문학·미디어 교육 박사 과정을 수료했습니다. 2007년 한국안데르센문학상을 수상했으며, 2012년 경남신문 신춘문예 동화 부문에 당선되었습니다. 동화와 그림책의 글을 쓰고 있으며, 좋은 그림책을 기획하고 만들고 있습니다.
지은 책으로 《코끼리 서커스》《초원을 달리는 수피아》《두 섬 이야기》《옥수수 할아버지》 등이 있으며, 기획한 그림책으로는 《신기한 닮은꼴 과학》《에너지를 뚝딱뚝딱 해돋이 마을》이 있습니다.

 그림 김무연

학교에서 애니메이션을 배우고, 지금은 고양이 네 마리와 개 두 마리, 그리고 사람 두 명이 대가족을 이루어 복닥복닥 살고 있습니다.
그린 책으로 《어부바 어부바》《속 좁은 아빠》《삐삐는 언제나 마음대로야》《우리는 아시아에 살아요》《우리 우리 설날은》 등이 있습니다.

 감수 박대범

상명대학교에서 국어교육, 한국언어문화를 공부했고, 동국대학교 국어학 박사 과정을 수료했습니다.
동국대학교와 한국기술교육대학교에서 강의를 했습니다.
함께 쓴 책으로 《한글나들이》가 있고, '우리말 표현력 사전' 시리즈를 감수하고 있습니다.

우리말 표현력 사전 3

도대체 뭐라고 말하지? : 알쏭달쏭 관용 표현

글 곽영미 그림 김무연 감수 박대범

초판 1쇄 펴낸날 2015년 10월 7일 | **초판 10쇄 펴낸날** 2023년 7월 25일
편집장 한해숙 | **기획편집** 신경아 | **디자인** FN 이정민, 최성수, 이이환 | **마케팅** 박영준, 한지훈 | **홍보** 정보영, 박소현 | **경영지원** 김효순
펴낸이 조은희 | **펴낸곳** ㈜한솔수북 | **출판등록** 제2013-000276호 | **주소** 03996 서울시 마포구 월드컵로 96 영훈빌딩 5층
전화 02-2001-5822(편집), 02-2001-5828(영업) | **전송** 02-2060-0108
전자우편 isoobook@eduhansol.co.kr | **블로그** blog.naver.com/hsoobook | **인스타그램** soobook2 | **페이스북** soobook2
ISBN 979-11-7028-693-6 73710 ISBN 978-89-535-8825-7 74710(세트)

ⓒ 2015 곽영미, 김무연

※ 저작권법에 의해 보호받는 저작물이므로 저작권자의 서면 동의 없이 다른 곳에 옮겨 싣거나 베껴 쓸 수 없으며 전산장치에 저장할 수 없습니다.

어린이제품안전특별법에 의한 제품 표시
품명 아동 도서 | **사용연령** 만 8세 이상 어린이 제품 | **제조국** 대한민국 | **제조자명** ㈜한솔수북 | **제조년월** 2023년 7월

 한솔수북의 모든 책은 아이의 눈, 엄마의 마음으로 만듭니다.

우리말 표현력 사전 3

도대체 뭐라고 말하지?

알쏭달쏭 관용 표현

글 곽영미 · 그림 김무연

# 차례

1 먹는 음식이 아니야! – 6

- 김칫국부터 마시다 • 미역국을 먹다 • 파김치가 되다 – 8
- 골탕을 먹이다 • 뜨거운 맛을 보다 • 한술 더 뜨다 – 12
- 국수를 먹다 • 깨가 쏟아지다 • 콩깍지가 쓰이다 – 16

2 그냥 눈, 코, 입이 아니야! – 20

- 눈에 불을 켜다 • 눈이 빠지다 • 눈이 뒤집히다 – 22
- 코가 높다 • 코가 납작해지다 • 코 묻은 돈 – 24
- 입을 맞추다 • 입이 무겁다 • 입만 살다 – 26

3 아픈 게 아니라고! — 28

 배가 아프다 • 속이 타다 • 허리띠를 졸라매다 — 30
 어깨가 무겁다 • 어깨가 가볍다 • 무릎을 치다 — 34
 발등에 불 떨어지다 • 발등을 찍히다 • 고개를 못 들다 — 38

| 부록 1 | 관용 표현 퀴즈! — 42 |
| 부록 2 | 알면 알수록 재미난 관용 표현 — 44 |

 김칫국부터 마시다 | 미역국을 먹다 | 파김치가 되다

● '김칫국부터 마신다'는 앞일은 모른 채 먼저 생각하고 행동하는 것을 말해요. 옛사람들은 떡이나 고구마를 먹을 때 김칫국과 함께 먹었어요. 떡이나 고구마를 먹은 뒤 김칫국을 마시면 음식이 시원하게 잘 넘어갔답니다. 그래서 '떡 줄 사람은 생각도 안 하는데, 김칫국부터 마신다'는 속담이 생겼나 봐요!

● '미역국을 먹다'는 자리나 위치, 시험에서 떨어졌다는 말이에요. 미역이 미끌미끌하니까요. 회장 선거나 원하는 학교 등에 떨어졌을 때 써요. 그래서 중요한 시험이 있는 날에는 미역국을 먹지 않는 풍습이 있어요.

● '파김치가 되다'는 몹시 지쳐서 힘이 없는 것을 뜻해요. 싱싱하던 파가 흐물흐물하게 늘어지는 모양을 본떠 쓰는 말이지요.

[파김치 담그는 법]

| 골탕을 먹이다 | 뜨거운 맛을 보다 | 한술 더 뜨다 |

● **'골탕을 먹이다'**는 다른 사람을 놀리거나 약을 올려 화가 나게 만든다는 말이에요. '골'은 비위에 거슬리거나 언짢은 일을 당했을 때 벌컥 내는 화를 말해요.

● **'뜨거운 맛을 보다'**는 매우 심한 고통이나 어려움을 겪는 것을 뜻해요.

● **'한 술 더 뜨다'**는 이미 어느 정도 잘못되어 있는 일에 한 단계 더 나아가 엉뚱한 말이나 행동을 하는 걸 뜻해요.

| 국수를 먹다 | 깨가 쏟아지다 | 콩깍지가 쓰이다 |

● '**국수를 먹다**'는 결혼식을 올린다는 말이에요. 옛날 결혼식에서는 축하하러 온 사람들에게 국수를 대접했어요. 길고 긴 국수 가락처럼 오랫동안 행복하게 살겠다는 뜻! 그래서 '국수를 먹다'가 결혼을 한다는 말로 쓰이게 되었어요.

● '**깨가 쏟아지다**'는 두 사람 사이가 매우 좋다는 말이에요. 그래서 사이좋은 사람들에게 '깨가 쏟아진다'고 해요. 고소한 냄새 때문일까요?

● **'콩깍지가 쓰이다'**는 사람이나 사물을 정확하게 보지 못한다는 말이에요. '콩깍지'는 콩의 껍질이에요. 콩깍지가 눈에 있으면 아무것도 보이지 않겠죠? 특히 사랑에 빠진 사람들이 서로의 나쁜 점을 보지 못할 때 쓰지요.

| 눈에 불을 켜다 | 눈이 빠지다 | 눈이 뒤집히다 |

● '눈에 불을 켜다'는 매우 관심을 기울이고 지켜본다는 말이에요. 또 화가 나서 눈을 부릅뜰 때도 써요.

● '눈이 빠지다'는 진짜 눈알이 빠진다는 말이 아니에요. 눈이 빠질 만큼 애타게 기다린다는 뜻이에요. 비슷한 말로 '목이 빠지게 기다리다'도 있어요.

● '눈이 뒤집히다'는 어떤 일에 집착하여, 제대로 보지 못하거나 제대로 된 생각을 할 수 없는 것을 뜻해요. 눈이 뒤집히면 제대로 보이지 않겠죠?

코가 높다   코가 납작해지다   코 묻은 돈

- '**코가 높다**'는 잘난 체하고 뽐내는 것을 말해요. 비슷한 말로 '**콧대가 높다**'도 있어요.

● **'코가 납작해지다'**는 창피를 당하거나 기가 죽다는 말이에요. 코는 그 사람의 자존심이나 기세를 상징하는 말로 많이 쓰여요.

● **'코 묻은 돈'**은 어린아이가 가진 적은 돈이라는 말이에요. 어린아이들이 코를 자주 파서 이런 말이 생긴 걸까요?

| 입을 맞추다 | 입이 무겁다 | 입만 살다 |

● **'입을 맞추다'**는 미리 의논해서 서로의 말이 같아지도록 만든다는 말이에요.

● '**입이 무겁다**'는 말수가 적거나, 비밀을 다른 사람에게 함부로 얘기하지 않는다는 뜻이에요. 반대로 '**입이 가볍다**'는 말이 많거나, 비밀을 다른 사람에게 쉽게 얘기한다는 뜻이지요.

● '**입만 살다**'는 말만 그럴듯하게 하면서 행동이 따르지 않는 것을 말해요. 매번 말만 하고 행동으로 옮기지 않으면 안 되겠지요!

배가 아프다   속이 타다   허리띠를 졸라매다

● '배가 아프다'는 남이 잘되어 심술이 난다는 말이에요. '사촌이 땅을 사면 배가 아프다'는 속담도 있어요.

● '속이 타다'는 걱정이 되어 마음을 졸인다는 말이에요.

● '허리띠를 졸라매다'는 돈을 아끼며 검소한 생활을 한다는 말이에요. 허리띠를 졸라매면 많이 먹지 못해서 이런 말이 생겼나 봐요.

| 어깨가 무겁다 | 어깨가 가볍다 | 무릎을 치다 |

어깨가 무거워? 무릎을 쳐?

도대체 무슨 말이지?

어깨가 무겁다고? 무릎을 쳤다고?

● '어깨가 무겁다'는 무거운 책임을 져서 마음에 부담이 크다는 말이에요. 반대말은 '어깨가 가볍다'예요.

● '어깨가 가볍다'는 무거운 책임에서 벗어나 마음이 홀가분하다는 말이에요.

● '무릎을 치다'는 좋은 생각이 떠오르거나, 갑자기 놀라운 사실을 알게 될 때 쓰는 말이에요. '이마를 치다'도 비슷한 뜻으로 쓰여요.

| 발등에 불 떨어지다 | 발등을 찍히다 | 고개를 못 들다 |

발등에 불이 떨어져?

발등을 찍혔다고?

고개를 못 든다고?

그래서 숙제를 같이 못 하나?

● **'발등에 불 떨어지다'**는 할 일이 있는데 일을 마쳐야 할 시간이 얼마 남지 않았을 때 쓰는 말이에요.

● **'발등을 찍히다'**는 다른 사람에게 배신을 당한다는 말이에요. '믿는 도끼에 발등 찍힌다'는 속담도 있잖아요.

● **'고개를 못 들다'** 는 매우 부끄러워서 남 앞에서 떳떳하지 못하다는 뜻이에요. 부끄러울 때는 자연스레 고개가 숙여지지요? 그런 모습을 생각하며 쓰는 표현이랍니다.

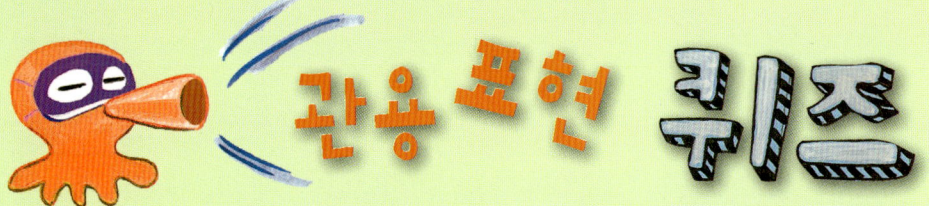

관용 표현 퀴즈

❓ 다음과 같은 상황에서 쓸 수 있는 관용 표현은 무엇일까요?

1

오, 당신은 세상에서 제일 아름다워요!

당신이야말로 세상에서 제일 멋져요!

- 콩깍지가 쓰이다
- 파김치가 되다
- 깨가 쏟아지다

2

히히히 으히히히

엄마가 오셨어! 자유다!

- 발등에 불 떨어지다
- 어깨가 가볍다
- 입이 무겁다

❓ 수염 아저씨, 두건 아줌마, 모자 아저씨 중 상황에 어울리지 않는 관용 표현을 말한 사람은 누구인가요?

수염 아저씨

두건 아줌마

모자 아저씨

알면 알수록 재미난 관용 표현

'**간이 붓다**'는 지나치게 겁이 없이 행동하는 걸 말해요. '**간이 크다**'도 비슷한 뜻이지요. 반대로 겁이 몹시 많은 걸 '**간이 작다**'라고 해요.

'**손이 크다**'는 씀씀이가 크고, 일을 처리하는 솜씨가 좋다는 말이에요. 반대말도 있어요. '**손이 작다**'라고 하면 씀씀이가 아주 작고 깐깐한 걸 뜻해요.

'불을 끄다' 는 급한 일을 마무리한다는 뜻이에요. 당장 해야 할 숙제를 끝내고, **"급한 불을 껐다."** 라고 쓸 수 있어요.

'물에 빠진 생쥐' 는 물에 흠뻑 젖은 모습을 비유적으로 표현하는 말이에요. 비를 맞아 홀딱 젖은 친구의 모습이 생쥐와 닮지 않았나요?